SPEYER

SPEYER

Klaus Venus / Matthias Nowack

PORTRÄT DER DOM- UND KAISERSTADT
PORTRAIT OF THE IMPERIAL CATHEDRAL CITY
PORTRAIT DE LA VILLE IMPÉRIALE

G. Braun Buchverlag

ORTEL-CAFE

VORWORT

Willkommen in Speyer, meiner Heimatstadt! Eine Stadt, die mit mehr als 2000 Jahren Geschichte auch modern, aktiv und lebendig ist. Die Stadt Speyer, schön am Rhein gelegen, bildet das Bindeglied zwischen Haardt und Odenwald. Ihre Reize entfaltet sie mitunter monumental und majestätisch, zum Beispiel im UNESCO-Weltkulturerbe Dom zu Speyer, aber auch mit zurückhaltenden und unaufdringlichen Ecken der Besinnung und Ruhe. Dem Besucher kann ich deshalb nur empfehlen, nach der Erkundung der großen Kulturdenkmäler und Museen durch die Gassen des Hasenpfuhls zu streifen. Er wird dort nicht nur ein attraktives Wohnviertel entdecken, sondern am Speyerbach oder rund um den Fischmarkt auch den Menschen begegnen, die hier arbeiten und leben. Ähnliches gilt für das Geburtshaus des Malers Hans Purrmann in der Kleinen Greifengasse oder auch das Feuerbachhaus in der Allerheiligenstraße. In der Trinkstube und im gezirkelten Rosengarten wird er die Ruhe und manchmal auch die Gesellschaft finden, mit der er die Seele dieser Stadt erkunden kann. Gleichzeitig kann er sich vom geschäftigen Treiben zwischen Dom, Altpörtel und Gedächtniskirche erholen.

Das Speyer-Buch von Klaus Venus und Matthias Nowack will verführen. Es lädt dazu ein, die Stadt zu besuchen und neu zu entdecken. Sorgfältig ausgewählte Aufnahmen von den wichtigsten Kulturdenkmälern, Sehenswürdigkeiten und Festen ergeben ein reizvolles Stadtporträt, das versucht, den unverbrauchten Charme von Speyer in Bild und Text zu erfassen. Es ist ein Buch, das die vielfältigen Reize der Stadt wiedergibt und dabei stille Ecken und die Lebensadern gleichermaßen berücksichtigt. Damit zeigt sich neben beschaulichen Momenten auch die Lebensfreude nicht nur der Speyerer, sondern der Pfälzer insgesamt. Der Bildband ist eine Liebeserklärung an unsere Stadt!

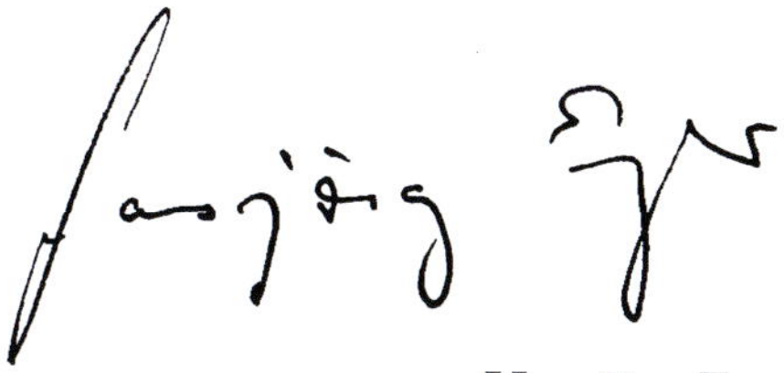

Hansjörg Eger
Oberbürgermeister

FOREWORD

Welcome to my home town of Speyer – a city with over 2000 years of history that is nonetheless modern, vibrant, and alive. Beautifully situated on the Rhine, Speyer is the link between the Haardt Hills and the Odenwald Forest. Its charms include the monumentally majestic, such as Speyer Cathedral, a UNESCO World Heritage Site, as well as quiet and inconspicuous corners for rest and reflection. So my suggestion to the visitor is this: After exploring the great cultural monuments and museums, take a walk through the alleys in the suburb of Hasenpfuhl. There, you'll find not just a pleasant residential quarter, but on banks of the Speyerbach or at the Fish Market perhaps you'll be lucky enough to meet the people who live and work here. The same goes for the house where the painter Hans Purrmann was born in the little alleyway known as Greifengasse, or also the Feuerbach House in Allerheiligenstraße. Whether in the wine pub or in the rose garden, you can relax and maybe even make a few friends and really get to know the soul of the city. You can take a break from the daily grind between the cathedral, the 'Altpörtel', and the 'Gedächtniskirche'.

This book on Speyer by Klaus Venus and Matthias Nowack is meant to enchant you. It invites you to visit the city of Speyer and to rediscover it. Carefully selected shots of the most important cultural monuments, attractions, and festivals provide you with a delightful portrait of the city that tries to capture Speyer's ever-fresh charm in pictures and text. It is a book that reproduces the city's multifaceted allure, and gives equal attention to the quiet corners and the bustling centres of life. It features contemplative moments, but also the *joie de vivre* typical not just of the residents of Speyer, but of the 'Pfälzer' people in general. This photo book is a declaration of love to our city!

Hansjörg Eger
Mayor of Speyer

PRÉFACE

Bienvenue à Spire, ma ville natale! L'histoire de la ville remonte à deux mille ans et pourtant elle est moderne, active et vivante. La ville de Spire, avec sa situation privilégiée sur le Rhin, est le trait d'union entre la région de la Haardt et celle de l'Odenwald. Elle déploie ses charmes, quelque fois monumentale et majestueuse, pensons à la cathédrale, inscrite au patrimoine mondial de l'UNESCO, mais aussi de façon plus modeste et discrète, dans des lieux propices à la rêverie et au calme. C'est pourquoi, je ne peux que recommander au visiteur qui aura vu les hauts lieux de la culture et les musées de la ville de flâner dans les ruelles du Hasenpfuhl. Il n'y découvrira pas seulement un quartier résidentiel; avec un peu de chance, il pourra rencontrer, le long du Speyerbach ou sur la place du marché aux poissons, les gens qui y travaillent et y vivent. Il en va de même pour la maison natale du peintre Hans Purrmann dans la Kleine Greifengasse ou pour la maison Feuerbach dans la Allerheiligenstraße. Dans la buvette ou dans la roseraie tracée au cordeau, il trouvera le calme mais aussi quelque fois de la compagnie qui lui permettra de découvrir l'âme de la ville. Il pourra s'y reposer après l'animation qui règne entre cathédrale, Altpörtel et église du Souvenir.

Le livre sur Spire de Klaus Venus et Matthias Nowack est séduisant. Il est une invitation à une visite ou à une nouvelle découverte de la ville. Les photographies des monuments importants, des détails dignes d'intérêt et des festivités ont été soigneusement choisies, elles offrent un portrait plein d'attrait de la ville, il nous dévoile en images et en paroles le charme inépuisable de Spire. C'est un livre qui rend les différents atouts de la ville visibles, tenant compte aussi bien des coins les plus tranquilles que des artères principales. Il montre le côté contemplatif et aussi la joie de vivre des habitants de Spire et de tout le Palatinat. Cet ouvrage est une déclaration d'amour à notre ville!

Hansjörg Eger
Bourgmestre

SPEYER IST EINZIGARTIG!

Und die Bewohner dieser Stadt wissen das. Sie kommen regelmäßig in die Maximilianstraße, um in einem der zahlreichen Cafés das mediterrane Flair dieses Prachtboulevards zu genießen. Und sie kommen, um die Domtürme und das Altpörtel zu sehen, die ihnen dieses starke Stück Heimat vermitteln.

Auch wer zum ersten Mal vor der wuchtigen romanischen Kathedrale steht, wird staunen. Vor fast tausend Jahren haben die Salier-Kaiser als Zeichen ihrer Macht diesen Dom gebaut, der die Stadt überragt wie ein »Gebirge aus Sandstein«. Unter ihnen wurde Speyer reich und mächtig und hat als Hauptstadt des Heiligen Römischen Reiches Deutscher Nation Geschichte geschrieben. In der Krypta des Kaiserdomes liegen vier Kaiser, drei Kaiserinnen, eine Prinzessin und vier Könige begraben. Der »Mantel der Geschichte«, um den früheren Bundeskanzler Helmut Kohl zu zitieren, ist noch greifbar dort. Staatsgäste aus aller Welt hat der Altkanzler in seine pfälzische Heimat geführt: Michael Gorbatschow, Margaret Thatcher, George Bush senior oder auch das spanische Königspaar sind mit ihm in die Krypta der Kathedrale hinabgestiegen, als wollte er mit großem Gefolge den alten Spruch neu beleben, nach dem die Stadt »lebendig wäre nur wegen der toten Kaiser im Dom«.

Fast so alt wie der romanische Kaiserdom ist die Geschichte jüdischen Lebens in Speyer, die um 1084 mit der Ansiedlung von Händlern begann. Ein rituelles Reinigungsbad blieb über die Jahrhunderte erhalten. Die vor 1128 gebaute Mikwe zählt zu den ältesten und schönsten erhaltenen Anlagen dieser Art. Hier wurde die nach den mosaischen Gesetzen vorgeschriebene kultische Reinigung durch Untertauchen in kaltes »natürliches« Wasser vorgenommen. Von der 1104 eingeweihten Synagoge blieben Mauerreste erhalten. Dennoch zählt diese imposante Ruine zu den ältesten, noch sichtbaren Überresten eines Synagogenhauses in Mitteleuropa. Mauerwerk von Synagoge und Mikwe erinnern an den Dom. Gut vorstellbar, dass dieselben Handwerker hier wie dort den Sandstein behauen haben. 1349, in den Wirren der Kreuzzüge, wurde die jüdische Gemeinde erstmals gewaltsam vertrieben. Es war nicht das erste Pogrom und sollte nicht das letzte bleiben. Ein kleines Stück Wiedergutmachung bedeutet der Neubau einer Synagoge, für die 2008 auf dem Gelände der nicht mehr genutzten (katholischen) Kirche St. Guido der Grundstein gelegt wurde.

Mehr als 50 Reichstage hat Speyer in seinen Mauern erlebt, darunter auch den berühmt gewordenen Reformationsreichstag von 1529, bei dem evangelische Fürsten und 14 Städte sich gegen die Aufhebung des »Toleranzediktes« von 1526 verwahrt haben. 1904, zum 375. Jubiläum der Protestation, wurde die Gedächtniskirche geweiht. Entstanden ist ein imposanter neugotischer Bau mit dem höchsten Kirchturm der Pfalz (105 Meter), schönen Fenstern und einem trutzigen Luther in der Vorhalle.

Von 1527 bis zur Besetzung durch die Franzosen 1688 war Speyer Sitz des Reichskammergerichtes und damit juristischer Mittelpunkt des Reiches. Jakob Christoffel von Grimmelshausen schrieb damals in seinem »Abenteuerlichen Simplizissimus Teutsch«, dass in Speyer »das beste Teutsch gesprochen wurde«. Die Beschlüsse des Gerichtes galten nämlich als nicht zu unterschätzender Beitrag zur Ausbildung der deutschen Schriftsprache. »Macht euch auf nach Speyer«, forderte auch Goethes Götz von Berlichingen gegen Ende des zweiten Akts mit Bezug auf das hohe Gericht (Götz: »… es ist eben Visitationszeit, zeigt's an, sie müssen's untersuchen und euch zu dem Eurigen helfen«).

An Pfingsten 1689 wurde die Stadt vom französischen Sonnenkönig Ludwig XIV. in Schutt und Asche gelegt und für lange Zeit ihrer Entwicklungschancen beraubt. Es hat Jahrzehnte gedauert, bis die Stadtväter aus Frankfurt zurückkehrten, das Trümmerfeld beseitigten und der geschundenen Stadt mit Dreifaltigkeitskirche und Historischem Rathaus neue repräsentative Gebäude spendierten. Nur langsam kam der Wiederaufbau voran, zumal ein kleinlicher Stadtrat den baufreudigen Fürstbischof Damian Hugo von Schönborn bewog, seine barocke Residenz im benachbarten Bruchsal aufzuschlagen.

Dennoch wurde das heutige Erscheinungsbild der Speyerer Innenstadt vom 18. Jahrhundert, vom Barock geprägt – abgesehen vom mittelalterlichen Erbe des Kaiserdomes und des Stadtgrundrisses mit seinen fächerartig vom Dom ausgehenden Straßen. Die Maximilianstraße blieb die Hauptachse der Stadt. Hat man das Altpörtel durchschritten, eines der höchsten Stadttore Deutschlands, wird man überrascht von der Helle und Weite dieser »via triumphalis«, an deren Endpunkt der Dom aufsteigt. Heute locken auf der sommerlichen Lebensader der Stadt jede Menge Straßencafés unter Palmen und Oleander. Vor fast 1000 Jahren sind hier Kaiser auf Rössern eingezogen.

1816 wurde Speyer für rund 140 Jahre Sitz der Provinzregierung für das linksrheinische Bayern. Dieser Epoche ihrer Geschichte verdankt die Stadt viel. In der bayrischen Zeit wuchs die Stadt der Schulen, der Kirchenleitungen und Behörden, der Archive und Bibliotheken heran, überhaupt der Kultur mit Ausstrahlung weit über die Region hinaus.

Speyer mit seinen 50.000 Einwohnern gilt heute als leistungsfähiges städtisches Mittelzentrum in der Metropolregion Rhein-Neckar und als gutes Beispiel für den selbstbewussten und zugleich traditionsgebundenen Umgang mit der Historie.

Die Domstadt bietet rund 25.000 Menschen Arbeit, überwiegend im Dienstleistungssektor, aber auch bei den Pfalz Flugzeugwerken (PfW Aerospace), den Niederlassungen von Tyco Electronics, Mann + Hummel und in traditionsreichen Handwerksbetrieben. Schließlich versorgt ein rühriger Einzelhandel zahlreiche pfälzische und nordbadische Umlandgemeinden.

Aber nicht nur das weit über die Stadt hinausreichende Einzugsgebiet, sondern vor allem auch die günstige Verkehrslage mit Autobahnanschlüssen, Rheinhäfen und einem für den Geschäftsreiseverkehr bedeutsamen Verkehrslandeplatz im Süden der Stadt haben Speyer zu einer attraktiven Wohnstadt gemacht.

Die Schul- und Hochschulstadt findet breite Anerkennung in der Region. Dafür bürgt auch der gute Ruf der Deutschen Universität für Verwaltungswissenschaften, 1947 gegründet und seit mehr als 60 Jahren »Kaderschmiede« für den höheren Verwaltungsdienst in der Bundesrepublik Deutschland.

Wichtiger Teil eines kulturhistorischen Rundganges durch Speyer bleibt der Besuch des Historischen Museums der Pfalz, dessen Macher seit vielen Jahren durch fünf großartig präsentierte ständige Sammlungen (Urgeschichte, Römerzeit, Domschatz, Neuzeit und das Weinmuseum), ungewöhnliche Sonderausstellungen und ein sehr erfolgreiches »Junges Museum« von sich reden machen.

Reizvoller Kontrast zur Kulturhistorie bieten das Sealife-Aquarium am Yachthafen mit einer Einführung in die Fauna und Flora des Rheins und das südlich der Altstadt gelegene Technikmuseum, das mit mehr als 20.000 Exponaten die Vielfalt der Entwicklung moderner Technik zeigt. Zu den Hauptattraktionen gehören das größte in Serie gebaute propellergetriebene Flugzeug der Welt, die Antonov An-22, das U-Boot U 9 der Deutschen Marine und eine komplett begehbare Boeing 747 der Lufthansa. 2008 wurde das Museum um eine Raumfahrthalle erweitert, in der die sowjetische Raumfähre Buran und die Ausstellung »Apollo and beyond« zu sehen sind.

Immer wieder wird Speyer als »kulturelle Metropole« der Pfalz bezeichnet. Zu diesem Ruf haben neben den großen Museen auch kleinere Gedenkstätten für die Maler Hans Purrmann und Anselm Feuerbach, die Schriftstellerin Sophie von La Roche und der Kulturhof Flachsgasse beigetragen. Städtische Galerie, Kunstverein, Zimmertheater, Winkeldruckerey, Kinder- und Jugendtheater und verschiedene Künstlerateliers buhlen dort um die Gunst der Besucher.

Und was wäre Speyer ohne seine Feste? Die Kaisertafel erinnert an mittelalterliche Tafelfreuden. Zum Brezelfest spendiert der Verkehrsverein dem Speyerer Traditionsgebäck eine riesige Party mit Festzelt und Rummelplatz. Der größte Bauernmarkt von Rheinland-Pfalz zwischen Altpörtel und Kaiserdom lockt bei »Grumbeersupp un Quetschekuche« im September alljährlich zehntausende Besucher in die Maximilianstraße. Und zum Altstadtfest laden Vereine und Anwohner in die Gassen entlang des Speyerbachs ein.

Ein letzter Tipp noch: An die Nordseite des Domhügels schmiegt sich ein besonders verträumtes Altstadtquartier. Zwischen Fischmarkt und Sonnenbrücke lockt der »Hasenpfuhl«, früher das Viertel der kleinen Leute, der Schiffbauer, Fischer und Tagelöhner. Hier öffnen sich verwinkelte Gassen zu kleineren und größeren Plätzen. Hier kann man an den Ufern des Speyerbaches überwachsene Gärten und barocke Gartenlauben entdecken. Im Hasenpfuhl lässt es sich heute gut leben und dort lacht man auch wieder über den alten Spott: »Wann's in Speyer die tote Kaiser net gäb, wer iwwerhaupt kä Lewe«.

Matthias Nowack

SPEYER IS UNIQUE!

And the residents of this city know it. They come regularly to Maximilianstraße to enjoy the Mediterranean flair in one of the many cafés along this magnificent boulevard. And they come to see the towers of Speyer Cathedral and the Altpörtel gate, which give them a strong sense of *Heimat*, that uniquely German love of one's home.

The massive Romanesque cathedral will amaze anyone who stands before it for the first time. Almost one thousand years ago, the Salian Emperors built the cathedral as a witness to their might, and it towers above the town like a 'mountain of sandstone'. Under the Salians, Speyer became rich and powerful, making history as the capital city of the Holy Roman Empire. The crypt of this imperial cathedral is the final resting place of four emperors, three empresses, one princess, and four kings. The 'mantle of history', to cite former chancellor Helmut Kohl, is still quite palpable there. The old chancellor entertained several guests of state in his Palatine home town: Mikhail Gorbachev, Margaret Thatcher, George H. W. Bush, and even the Spanish royal couple went with him down into the crypt, as if he wanted to bring the old saying back to life before the large entourage that the city 'only lives because of the dead emperors in the cathedral'.

Almost as old as the Romanesque imperial cathedral is the history of Jewish life in Speyer, which began in 1084 when Jewish merchants settled there. A ritual purification bath has survived over the centuries. The *mikveh*, built in 1128, is one of the oldest and most beautiful structures of its kind. Here, devout Jews carried out the ritual purification by submersion in cold, 'natural' water as prescribed in Mosaic Law. Only some parts of the wall still remain from the synagogue dedicated in 1104. However, these impressive ruins are among the oldest still visible remains of a synagogue in Central Europe. The stonework of the synagogue and the *mikveh* are highly reminiscent of the cathedral. It can be easily imagined that the same craftsman worked the sandstone here as well as there. In 1349, during the confusion of the Crusades, the Jewish community experienced forced expulsion for the first time. This was not the first pogrom and it was not to be the last. The construction of a new synagogue, whose foundations were laid in 2008 on the site of St. Guido's Catholic Church (no longer used), can be seen as a small gesture of reparation.

Speyer has experienced more than fifty imperial diets within her walls, including the now-famous 'Protestation at Speyer' in 1529, an important event of the Reformation at which six princes and fourteen free imperial cities at the Second Diet of Speyer protested against the lifting of the edict of toleration decreed at the First Diet of Speyer in 1526. In 1904, to mark the 375th anniversary of the Protestation, the Memorial Church of the Protestation was dedicated. The 'Gedächtniskirche' is an imposing Neo-Gothic structure which features the highest church tower in the Palatinate (105 metres), beautiful windows, and a defiant Martin Luther in the vestibule.

From 1527 until it was occupied by the French in 1688, Speyer was the seat of the Imperial Chamber Court, making it the judicial capital of the Holy Roman Empire. Jakob Christoffel von Grimmelshausen wrote in his picaresque novel *Simplicius Simplicissimus* (1668), that the best 'Teutsch' was spoken in Speyer. The rulings enacted by the court here are not to be underestimated in their contribution to the development of and proper education in literary German. In Goethe's play *Goetz von Berlichingen,* Goetz is referring to the high court when he tells his listeners to make their way to Speyer and take advantage of the visitation time.

On Whitsunday 1689, during the Nine Years' War, which the Germans call the 'War of Palatine Succession', the city was reduced to ashes and rubble by the French troops of the 'Sun King' Louis XIV. This greatly reduced the city's status and set back its development for a long time. It took decades before the city fathers returned from Frankfurt, cleaned up the debris, and presented the shattered city with new prestigious buildings like the Trinity Church and the historic town hall. Reconstruction proceeded slowly, and quibbles with a small-minded city council led Prince-Bishop Damian Hugo von Schönborn to set up his Baroque residence in neighboring Bruchsal.

However, in the 18th Century, the Baroque style flourished in Speyer, resulting in today's city centre, with the exception of course of the mediaeval cathedral and the radial layout of the city itself, centred as it is around the cathedral. Maximilianstraße has remained the city's central axis. Crossing through the Altpörtel, one of the tallest city gates in Germany, one will be pleasantly surprised by the impressive width and colourful brightness of this *via triumphalis* leading up to the cathedral. Today any number of street cafés lure in visitors under the palms and oleander of Speyer's main street. One thousand years ago, emperors upon their mighty steeds proceeded along this expanse.

In 1816, Speyer became the seat of the provincial government of Bavaria's territories west of the Rhine, remaining so for around 140 years. The city owes much to this epoch of her history. During the Bavarian period, the city experienced a major growth of schools, church authorities, archives, libraries, and above all culture. This vitality radiated well beyond the region.

Today, with over 50,000 residents, Speyer is a confident and capable mid-sized town at the centre of the Rhein-Neckar metropolitan region. It is seen as a good example for its self-assured yet tradition-bound handling of history. The cathedral city offers work to over 25,000 people, mostly in the service sector, but also in aircraft manufacturing (PfW Aerospace), at branches of Tyco electronics and Mann + Hummel, and in more traditional crafts and trades. An active retail shopping scene supplies several communities in the Paltinate and northern Baden. But Speyer has become an attractive city to live in not just because of its advantageous location for business and employment, but also because its great transport links, including Autobahn connections, harbours along the Rhine, and perhaps most important for business travel, an airfield in the southern part of the city.

Speyer's schools and institutions of higher education enjoy wide recognition in the region. The reputation of the German University of Administrative Sciences Speyer, founded in 1947, plays no small role in this. For more than 60 years it has served as a sort of 'talent foundry', producing competent professionals to serve in the Federal Republic of Germany's administrative élite.

An important part of any cultural tour of Speyer is of course the Historical Museum of the Palatinate. For several years, the museum has featured five excellent permanent collections (Prehistory, Roman Era, The Cathedral Treasury, Modern Era, and the Wine Museum), extraordinary special exhibits, and a very successful 'Youth Museum', always providing something to talk about.

As a pleasant contrast to all the rich art history, the Sealife Aquarium at the yacht harbor introduces visitors to the flora and fauna of the Rhine, and the Technology Museum south of the Old Town bears witness to the diversity and development of modern technology with over 20,000 machines and other exhibits on display. Its main attractions include the largest series-produced propeller-driven aircraft in the world, the Antonov An-22, the German navy's U9 submarine, and a completely accessible Lufthansa Boeing 747. In 2008, the museum was expanded to include a space travel hall, where visitors can see the Soviet Buran space shuttle and the exhibit 'Apollo and Beyond'.

Time and again, Speyer is described as the Palatinate's 'cultural metropolis'. Alongside the large museums, smaller cultural sites contribute to this reputation as well, such as the memorials to painters Hans Purrmann and Anselm Feuerbach and writer Sophie von La Roche, and the 'Kulturhof Flachsgasse' open-air museum. The town gallery, the art association, the studio theatre, the 'Winkeldruckerey' print shop, the children's' theatre, the youth theatre, and several different art studios there all court the visitor's favour.

And what would Speyer be without its festivals? The 'Kaisertisch' (Emperor's Table) is a tribute to mediaeval banquets, and at the Pretzel Fest the tourist association throws a huge party for Speyer's traditional baked good with a large pavilion and fairground rides. The largest farmer's market in Rhineland-Palatinate between the Altpörtel and the cathedral draw tens of thousands of visitors every September to Maximilianstraße for 'Grumbeersuppe un Quetschekuche,' local dialect for potato soup and plum cakes. And the clubs and residents of Speyer welcome one and all to the Old Town Fest in the streets and alleys on the banks of the Speyerbach.

One more tip: on the northern side of the cathedral mound, an especially charming quarter of the Old Town, called the 'Hasenpfuhl' (hare's puddle), is nestled between the Fish Market and the 'Sonnenbrücke' (sun bridge). This was once the neighbourhood of the little people – the fishermen, the ship builders, and the day labourers. Here, labyrinthine alleyways open up onto squares both large and small, and overgrown gardens and Baroque gazebos on the banks of the Speyerbach wait to be discovered. In the Hasenpfuhl, life is easy-going, and people there still laugh at the old jest: 'Wann's in Speyer die tote Kaiser net gäb, wer iwwerhaupt kä Lewe.' – 'If the dead emperors weren't in Speyer, there wouldn't be any life at all.'

Matthias Nowack

SPIRE EST UNIQUE !

Et ses habitants le savent bien. Ils aiment venir dans la Maximilianstraße pour jouir de l'ambiance méditerranéenne des nombreux cafés de ce splendide boulevard. Ils viennent aussi pour voir les tours de la cathédrale et la porte de la ville, l'Altpörtel, qui leur donnent le sentiment d'être chez eux.

Le visiteur qui verra pour la première fois cette imposante cathédrale romane sera bien étonné. Les empereurs saliens l'ont édifiée il y a près de mille ans pour démontrer leur puissance ; elle domine la ville, telle « une montagne de grès ». Sous leur dynastie, Spire est devenue riche et puissante, elle est entrée dans l'histoire en tant que capitale du Saint Empire romain germanique. Dans la crypte de la cathédrale impériale sont enterrés quatre empereurs, trois impératrices, une princesse et quatre rois. Le « manteau de l'histoire », pour citer l'ancien chancelier Helmut Kohl, y est encore palpable. Le chancelier emmenait volontiers ses hôtes de marque dans son Palatinat natal : Mikhaïl Gorbatchev, Margaret Thatcher, George Bush senior ou bien le couple royal d'Espagne sont descendus avec lui dans la crypte ; avec pareille escorte, il voulait sans doute faire revivre le vieux dicton selon lequel la ville « ne vivrait que par les empereurs morts de la cathédrale ».

L'histoire de la communauté juive de Spire est presque

aussi ancienne que la cathédrale impériale : elle débute avec l'installation des premiers marchands vers 1084. Un bain rituel juif a survécu aux siècles. Ce bain juif, « Mikwe », construit avant 1128, fait partie des établissements les plus anciens et les mieux conservés de ce type. C'est ici qu'avait lieu la purification rituelle imposée par les lois de Moïse, il fallait se plonger dans de l'eau froide « naturelle ». De la synagogue consacrée en 1102 ne sont restés que quelques murs. Et pourtant, cette ruine imposante fait partie des plus anciens vestiges de synagogue que l'on puisse voir en Europe centrale. La maçonnerie de la synagogue et de la Mikwe font penser à la cathédrale ; il se peut que les mêmes artisans aient taillé le grès des deux édifices.

C'est en 1349, à l'époque troublée des croisades, que la communauté juive a été chassée pour la première fois de la ville. Ce n'était pas le premier pogrom et ce ne serait pas le dernier. La construction d'une nouvelle synagogue, dont la première pierre a été posée en 2008 sur le terrain de l'église désaffectée Saint-Guy, est en quelque sorte une réparation.

Dans ses murs, Spire a connu plus de 50 diètes impériales, entre autre la célèbre diète du protestantisme - Reformationsreichstag - en 1529 : des princes luthériens et 14 villes y ont protesté contre la révocation de « l'Edit de tolérance » de 1526. En 1904, lors du 375e anniversaire de cette protestation, une église du Souvenir a été consacrée : avec son clocher, le plus haut du Palatinat (105 mètres), ses belles fenêtres et, sous le porche, un Luther à l'air déterminé, c'est une imposante construction néogothique.

De 1527 jusqu'à l'occupation française de 1688, Spire est resté le siège du tribunal impérial, c'était donc le centre juridique de l'Empire. A la même époque, dans ses « Aventures de Simplex Simplicissimus », Jakob Christoffel de Grimmelshausen a écrit « qu'à Spire, on parle le meilleur allemand ». Les décisions du tribunal passaient en effet pour une bonne contribution au développement de l'Allemand écrit. « En route pour Spire » s'écrie le Götz von Berlichingen de Goethe à la fin du deuxième acte, en référence au tribunal impérial (Götz : « … c'est justement l'heure des visites, portez plainte, ils doivent examiner votre affaire et faire reconnaître votre droit »).

A la Pentecôte de 1689, la ville fut réduite en cendres par Louis XIV, le roi Soleil ; cela lui ôta pour longtemps toute chance de continuer à se développer. Les édiles ne revinrent de Francfort que des décennies plus tard, ils dégagèrent les ruines et offrirent à la ville maltraitée de nouveaux bâtiments représentatifs, l'église de la Trinité et l'Ancien Hôtel de ville. Cependant, la reconstruction n'avança que lentement car un conseil municipal mesquin incita le prince-évêque Damian Hugo von Schönborn, possédé par l'envie de bâtir, à édifier sa résidence baroque dans la ville de Bruchsal toute proche.

Et pourtant, l'image actuelle du centre ville de Spire est marquée par le 18e siècle, par le baroque – les seuls restes de l'héritage médiéval sont la cathédrale et les rues qui en partent, formant un plan de ville en éventail. La Maximilianstraße est restée l'axe principal de la ville. Une fois franchie l'Altpörtel, l'une des plus hautes portes d'Allemagne, l'on sera surpris par la clarté et la largeur de cette « via triumphalis » au bout de laquelle se dresse la cathédrale. Aujourd'hui, de nombreux cafés nous invitent en été sous leurs palmiers et leurs lauriers roses sur cette avenue animée. Il y a près de 1000 ans, c'étaient les empereurs à cheval qui entraient en ville.

En 1816, Spire est devenue pour 140 ans le siège du gouvernement provincial de la Bavière de la rive gauche du Rhin. La ville doit beaucoup à cette période de son histoire. A l'époque bavaroise, s'est développée la ville des écoles, des administrations religieuses et civiles, des archives et des bibliothèques, en un mot de la culture rayonnant au delà la région. Avec ses 50000 habitants, Spire passe aujourd'hui pour un centre urbain performant, de taille moyenne, dans la grande région Rhin-Neckar et pour un bel exemple d'une relation à l'histoire à la fois proche de la tradition et ouverte au présent.

La ville offre du travail à 25000 personnes, essentiellement dans le secteur tertiaire, mais aussi dans l'industrie comme les Pfalz Flugzeugwerke (PfW Aerospace), ou les succursales de Tyco Electronics, de Mann + Hummel, ou encore dans des entreprises artisanales de tradition ancienne. Pour finir, un commerce de détail dynamique approvisionne les nombreuses communes environnantes du Palatinat et du nord du Pays de Bade.

Sa vaste agglomération et surtout sa situation privilégiée (autoroutes, ports du Rhin, aéroport au sud de la ville – important pour les voyages d'affaire), ont fait de Spire une ville où il fait bon vivre.

Grâce à ses écoles et à son université, la ville jouit d'une grande renommée dans la région.

Elle la doit aussi à la bonne réputation de l'Ecole Supérieure Allemande des Sciences Administratives Spire, fondée en 1947 et depuis plus de 60 ans « pépinière de cadres » pour la fonction publique supérieure de la République Fédérale d'Allemagne.

Une promenade à la recherche du passé de la ville de Spire ne serait pas complète sans la visite du musée historique du Palatinat ; ses dirigeants ont acquis la notoriété depuis de nombreuses années grâce à la présentation exceptionnelle de cinq collections permanentes (préhistoire, époque romaine, trésor de la cathédrale, temps modernes et musée du vin), grâce aussi à des expositions temporaires et au « musée jeune » qui a beaucoup de succès.

L'aquarium Sealife, dans le port de plaisance, contraste avec l'histoire de la ville (il propose une introduction à la flore et à la faune du Rhin) tout comme le musée des Techniques situé lui au sud de la vieille ville ; plus de 20 000 objets exposés prouvent la diversité du développement de la technique moderne. Le plus grand avion à hélices construit en série, l'Antonov An-22, le sous-marin U9 de la marine allemande et un Boeing 747 de la Lufthansa, que l'on peut intégralement visiter, en sont les principales attractions. En 2008, on a ajouté au musée un hangar de l'espace, on peut y voir la navette soviétique Buran et l'exposition « Apollo and beyond ».

On qualifie souvent Spire de « métropole culturelle » du Palatinat. A côté de ses grands musées, des lieux de mémoire plus petits, créés en souvenir des peintres Hans Purrmann et Anselm Feuerbach, de l'écrivain Sophie von la Roche, ont également contribué à cette réputation ; dans le centre culturel « Kulturhof Flachsgasse », la galerie municipale, la société des amis des arts, le théâtre de poche, l'imprimerie Winkel, le théâtre pour les enfants et la jeunesse ainsi que différents ateliers d'artistes cherchent aussi à séduire le visiteur.

Et que serait Spire sans ses festivités ? La « table de l'empereur » rappelle les joies de la table médiévale. Pour la fête du bretzel, l'office du tourisme offre à la ville et à son biscuit salé traditionnel une fête gigantesque, avec tente et manèges. Le plus grand marché paysan de Rhénanie-Palatinat a lieu entre Altpörtel et cathédrale et attire chaque année en septembre dix mille visiteurs dans la Maximilianstraße pour y déguster soupe de pommes de terre et tarte aux quetsches. Et pour la fête de la vieille ville, ce sont les associations et les habitants qui invitent, le long du « Speyerbach ».

Un dernier conseil : un vieux quartier romantique se niche sur le côté nord de la colline de la cathédrale. Entre le marché aux poissons et le pont du soleil : le Hasenpfuhl, la mare aux lapins, autrefois quartier des petites gens, des constructeurs de bateaux, des pêcheurs et des journaliers. Des ruelles tortueuses donnent sur des places plus ou moins grandes ; sur les rives du Speyerbach, on pourra découvrir des jardins exubérants et leurs tonnelles baroques. Aujourd'hui, on peut vivre agréablement au Hasenpfuhl, et la vieille plaisanterie ne prête plus qu'à sourire : « S'il n'y avait pas les vieux empereurs à Spire, la vie y serait bien pire »

Matthias Nowack

Über allem der Dom: Weit schweift der Blick vom Domhügel über die Dächer der Stadt. ◊ Sweeping view over the roofs of the town from atop the cathedral mound ◊ La cathédrale domine l'ensemble : du haut de la colline de la cathédrale, le regard porte au loin sur les toits de la ville.

Die Maximilianstraße ist das Herz und die Bühne der Stadt. Dort lässt man sich nieder, dort werden die Feste gefeiert. ◊

Maximilianstraße, Speyer's beating heart. Here you can sit down and relax or enjoy the action at one of the town's festivals. ◊

La Maximilianstraße sert à la fois de cœur et de scène à la ville. On s'y installe, on y festoie.

Old Time Jazz Festival ◊ Old Time Jazz Festival ◊ Festival Old Time Jazz

Fronleichnam ◊ Corpus Christi ◊ Fête-Dieu

UNESCO-Weltkulturerbe: Auf dem Grundriss eines lateinischen Kreuzes erhebt sich die größte und bedeutendste romanische Kathedrale in Europa, **der Kaiserdom**. Um 1030 wurde unter Kaiser Konrad II. der Grundstein gelegt, 1061 die Domkirche geweiht. ◊ UNESCO World Heritage Site: The Imperial Cathedral, the 'Kaiserdom', the largest and most important Romanesque cathedral in Europe, built on a cruciform floor plan. Its foundations were laid under (Holy Roman) Emperor Conrad II around 1030, and it was consecrated a cathedral church in 1061. ◊ Patrimoine mondial de l'UNESCO: sur le tracé d'une croix latine se dresse la cathédrale romane, la plus grande et la plus importante d'Europe : la cathédrale impériale. La première pierre fut posée vers 1030 sous le règne de l'empereur Konrad II et l'église consacrée en 1061.

Linke Seite: Von Kaisern erbaut und von ihnen als letzte Ruhestätte ausersehen. **Die Krypta**, der säulenbestandene älteste Teil des Domes, ist eine der schönsten Unterkirchen der Welt. Vier deutsche Kaiser, drei Kaiserinnen, vier Könige und mehrere Bischöfe sind dort begraben. ◊ Left page: The cathedral the emperors built is also their final resting place. The crypt, a thick forest of columns, is the oldest part of the cathedral. It is one of the most beautiful church undercrofts in the world. Four emperors, three empresses, four kings, and several bishops are buried there. ◊ Page de gauche : Des empereurs l'ont construite et choisie comme dernière demeure : la crypte aux multiples colonnes, partie la plus ancienne de la cathédrale, est l'une des plus belles églises souterraines du monde. Quatre empereurs allemands, trois impératrices, quatre rois et plusieurs évêques y sont enterrés.

Das Mittelschiff: Der Kaiserdom als Sinnbild der alten Reichsidee. Einheitliche Ordnung und Klarheit bis ins Detail beim Blick durch das Mittelschiff auf Altarraum und Apsis. ◊ The middle nave reveals the cathedral as an allegory of the ancient imperial ideal: uniform detail and clarity to the last detail. View of the apse and quire through the central nave. ◊ La nef centrale : la cathédrale impériale, symbole de l'ancien concept d'empire. Unité et ordre, clarté jusque dans le détail, c'est l'impression que l'on a en regardant de la nef l'autel et l'abside.

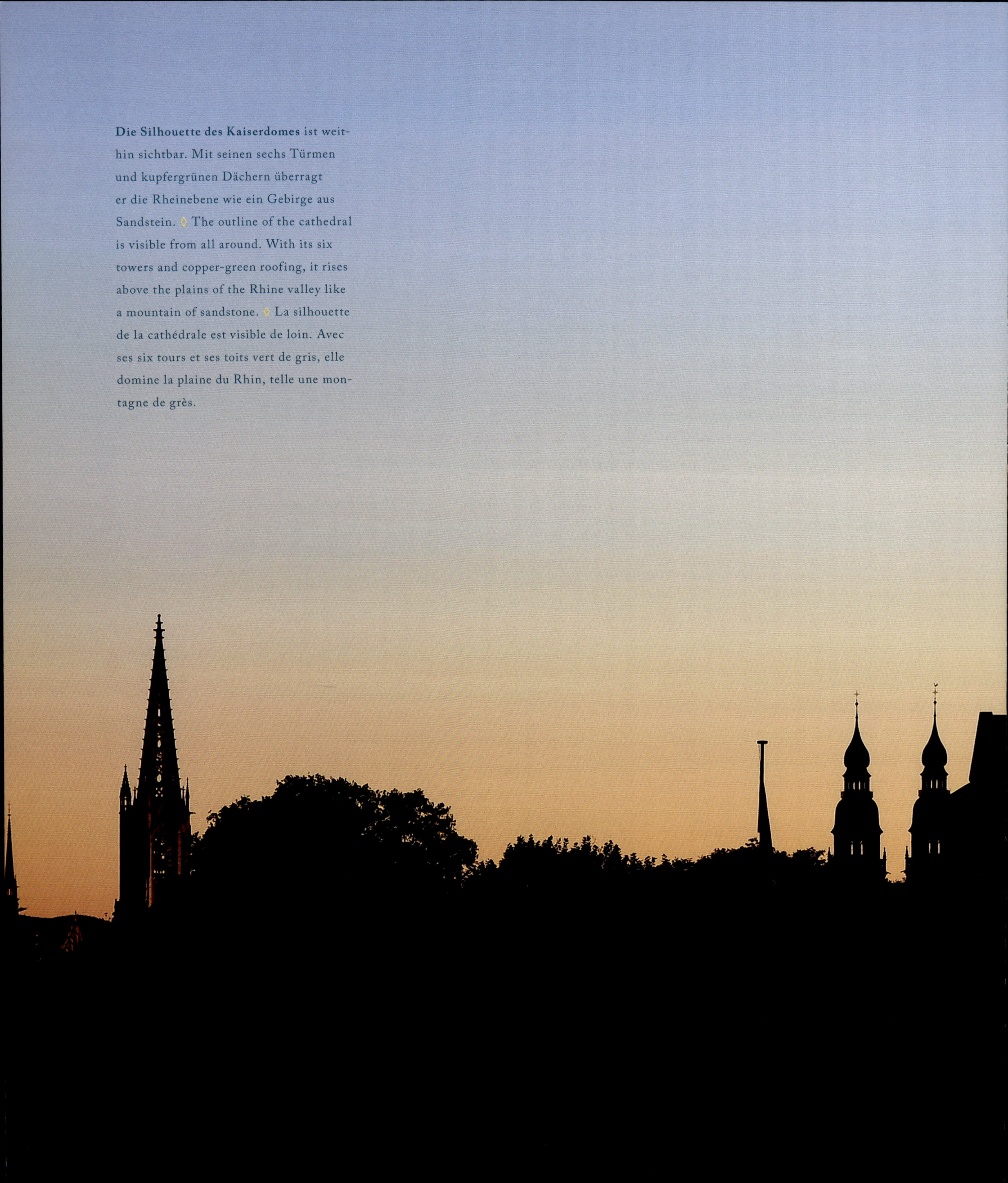

Die Silhouette des Kaiserdomes ist weithin sichtbar. Mit seinen sechs Türmen und kupfergrünen Dächern überragt er die Rheinebene wie ein Gebirge aus Sandstein. ◊ The outline of the cathedral is visible from all around. With its six towers and copper-green roofing, it rises above the plains of the Rhine valley like a mountain of sandstone. ◊ La silhouette de la cathédrale est visible de loin. Avec ses six tours et ses toits vert de gris, elle domine la plaine du Rhin, telle une montagne de grès.

Versteckt hinter Zweigen: **Das Heidentürmchen**, ein ehemaliger Stadtmauerturm östlich des Kaiserdomes. ◊ Hidden behind the branches is the 'Heidentürmchen' (Heath Tower), once a part of the town wall to the east of the cathedral. ◊ Cachée derrière les branches : la petite Tour des païens, ancienne tour des murs d'enceinte de la ville, à l'est de la cathédrale.

Früher markierte **der Domnapf** die Grenze zwischen Dom-Immunität und dem reichsstädtischen Gebiet. Heute wird er zu Bischofsweihen und hohen Festen mit Wein gefüllt. ◊ The 'Domnapf' (Cathedral Bowl) once marked the border between the autonomous cathedral territory and the rest of the imperial city. Today it is filled with wine at bishops' ordinations and other major festivals. ◊ Cette vasque, « Domnapf », marquait autrefois la frontière entre immunité épiscopale et territoire de la ville. Aujourd'hui, on la remplit de vin pour le sacre d'un évêque ou les festivités de la cité.

Bischofshaus am Domplatz: Um 1704 als Wohnkomplex für die älteren Domvikare erbaut. Heute Sitz des Bischofs von Speyer. ◊ Bishop's house on the cathedral square: built around 1704 as a living complex for elderly cathedral vicars, today it is the seat of the Bishop of Speyer. ◊ Evêché sur la Place de la cathédrale : construit en 1704 pour servir de domicile aux anciens vicaires de la cathédrale, aujourd'hui, siège de l'évêque de Spire.

Nur einen Steinwurf davon entfernt residiert die **Evangelische Landeskirche der Pfalz** in einem klassisch proportionierten Sandsteinbau von kantiger Strenge (1893/94 errichtet). ◊ Just a stone's throw away, the Evangelical (Lutheran) Church of the Palatinate is at home in a classically proportioned sandstone structure of angular austerity (built 1893/94). ◊ A un jet de pierre seulement, ce bâtiment de grès aux proportions classiques mais sévères est le siège de l'église évangélique du Palatinat (construit en 1893/94).

DIE
WIKINGER
WWW.WIKINGER.SPEYER.DE
14.12.08–12.07.09
HISTORISCHES MUSEUM DER PFALZ SPEYER

Historisches Museum der Pfalz: Wie eine vierflügelige Schlossanlage erhebt sich das 1910 eingeweihte Museumsgebäude am südlichen Domplatz. Fünf ständige Sammlungen dokumentieren die Kunst- und Kulturgeschichte der Stadt Speyer und der Pfalz: Urgeschichte, Römerzeit, Domschatz, Neuzeit und das Weinmuseum. Jährlich werden große Sonderausstellungen gezeigt. ◊ Historical Museum of the Palatinate: Dedicated in 1910, this four-winged building rises above the southern cathedral square like a palace complex. Five permanent collections document the cultural history of the town of Speyer and the Palatinate: Prehistory, Roman Era, the Cathedral Treasury, Modern Times, and the Wine Museum. The museum also features major annual special exhibits. ◊ Musée historique du Palatinat : tel un château à quatre ailes, le bâtiment du musée, inauguré en 1910, se dresse sur la place sud de la cathédrale. Cinq collections permanentes illustrent l'histoire de l'art et de la culture de Spire et du Palatinat : Préhistoire, époque romaine, Trésor de la cathédrale, temps modernes, musée du vin. Chaque année, ont lieu de grandes expositions temporaires.

Über die älteste Brücke der Stadt, **die Sonnenbrücke**, führt der Weg zum Dom, vorbei am historischen Gasthaus »Zum Halbmond«. ◊ The path to the cathedral leads over the 'Sonnenbrücke' (Sun Bridge), the oldest bridge in the city, and past the historic inn 'Zum Halbmond' (Half-Moon). ◊ Le chemin qui mène à la cathédrale passe sur le plus ancien pont de la ville, le pont du Soleil, et longe l'antique restaurant « à la demie Lune »

Speyers poetische und grüne Seite: Zwischen Fischmarkt und Sonnenbrücke entfaltet sich der **»Hasenpfuhl«**. Hier öffnen sich verwinkelte Gassen zu kleineren und größeren Plätzen. Hier kann man an den Ufern des Speyerbaches überwachsene Gärten und barocke Gartenhäuschen entdecken. ◊ Speyer's green, poetic side: Between the Fish Market and the Sonnenbrücke lies the neighbourhood known as the 'Hasenpfuhl' (hare's puddle), where labyrinthine alleyways open up onto squares both large and small, and overgrown gardens and Baroque gazebos on the banks of the Speyerbach wait to be discovered. ◊ Voici le Spire poétique et vert : entre marché aux poissons et pont du Soleil, s'étend le Hasenpfuhl, la « mare aux lapins ». Des ruelles tortueuses donnent sur des places plus ou moins grandes. Sur les rives du Speyerbach, on peut découvrir jardins exubérants et tonnelles baroques.

Im Kreuz und Quer der alten Gassen und Höfe wird alljährlich, am zweiten Septemberwochenende, das **Altstadtfest** gefeiert. Dichtgedrängt werben Buden und Zelte von Vereinen um die Gunst der Besucher. ◊ Among the narrow alleyways and courtyards, the Old Town Fest is celebrated every year on the second weekend of September. Tightly-packed booths and tents run by the town's organizations court visitors' attention. ◊ Dans le dédale des vieilles ruelles et places, la fête de la vieille ville a lieu chaque année le deuxième weekend de septembre. Serrés les uns contre les autres, chalets et tentes des associations cherchent à attirer le chaland.

Der Fischmarkt: Im ruhigen Altstadtquartier um Stefan Forlers »Stelzenfisch« haben früher die Schiffbauer, Fischer und Tagelöhner gewohnt, die Armen der Stadt. Heute sind die alten Häuser rund um den Fischmarkt liebevoll restauriert. ◊ The Fish Market: This quiet quarter of the Old Town was once the neighbourhood where Speyer's poor lived: the fishermen, the ship-builders, and the day labourers. Today, the old houses around the Fish Market have been lovingly restored. ◊ Le marché aux poissons : dans ce vieux quartier calme, autour du « Poisson à échasses » de Stefan Forler, habitaient autrefois constructeurs de bateaux, pêcheurs et journaliers, les pauvres de la cité. Aujourd'hui, les vieilles maisons autour de la place du Marché aux poissons sont restaurées avec amour.

Sitz des Oberbürgermeisters und der Stadtverwaltung ist heute das **Stadthaus**, um die Jahrhundertwende für die Landesversicherungsanstalt gebaut. Allegorische Sandsteinfiguren, Darstellungen von »Arbeit«, »Handwerk« und »Industrie«, schmücken die Fassade. ◊ Built at the turn of the 20th century, the 'Stadthaus', city hall, is today the seat of the mayor and the city council. The façade is adorned with allegorical figures representing 'work', 'craft', and 'industry'. ◊ La maison communale est aujourd'hui le siège du maire et de l'administration de la commune ; elle a été construite vers la fin du 19e siècle pour la Société d'assurances du Land. La façade est ornée de sculptures allégoriques en grès, symboles du Travail, de l'Artisanat et de l'Industrie.

Im Hohenfeldschen Haus in der Maximilianstraße 99 ist eine Gedenkstätte für **Sophie von La Roche** (1730–1807) eingerichtet. Die vielgelesene moralisch-erzieherische Erzählerin der Empfindsamkeit gilt als eine der wichtigsten Briefromanautorinnen der späten Aufklärung (Bronzekopf Sophie von La Roche von Wolf Spitzer). ◊ The 'Hohenfeldsche Haus' at Maximilianstraße 99 contains a memorial to Sophie von La Roche (1730–1807). Her morally instructive tales for young women made her one of the most important female novelists of the late Enlightenment (Bronze head of Sophie von La Roche by Wolf Spitzer). ◊ Dans la maison Hohenfeld, au numéro 99 de la Maximilianstraße, on a installé un lieu du souvenir pour Sophie de la Roche (1730–1807). Grâce à son œuvre didactique et morale, la romancière, très lue à l'époque de l'« Empfindsamkeit », passe pour l'un des auteurs de romans les plus importants de la fin du siècle des lumières (tête en bronze de Sophie de la Roche par Wolf Spitzer).

Auf dem Weg nach Santiago de Compostela: Der Bronzepilger des heiligen Jakobus auf der Maximilianstraße. Der **Jakobspilger** des Münchner Bildhauers Martin Mayer war ein Geschenk des Domkapitels an die Stadt anlässlich des 2000-jährigen Stadtjubiläums 1990. ◊ On the road to Santiago de Compostela: a pilgrim on the Way of St. James, bronze statue in Maximilianstraße. The statue, by Munich sculptor Martin Mayer, was a gift from the cathedral chapter to the city on the occasion of the 2000-year anniversary of Speyer in 1990. ◊ Sur le chemin de Compostelle : statue de bronze du pèlerin de Saint-Jacques sur la Maximilianstraße ; œuvre du sculpteur munichois Martin Mayer, ce pèlerin a été offert à la ville par le chapitre de la cathédrale à l'occasion du 2000e anniversaire de Spire en 1990.

Dreifaltigkeitskirche: Nach dem Vorbild der Frankfurter Katharinenkirche zwischen 1701 und 1707 von J. P. Graber als lutherische Kirche erbaut. Die Inneneinrichtung ist ein wunderschönes Beispiel barocker Holzarchitektur. ◊ Trinity Church, built from 1701 to 1707 by J. P. Graber, was modelled after St. Catherine's in Frankfurt. The interior is a marvelous example of Baroque wooden architecture. ◊ Eglise de la Trinité : église luthérienne construite entre 1701 et 1707 par J.P. Graber selon le modèle de l'église Sainte-Catherine de Francfort. L'intérieur est un magnifique exemple d'architecture baroque en bois.

Alljährlich im Mai errichtet die Kreishandwerkerschaft einen **Zunftbaum** in der Maximilianstraße, den die Wappen der einzelnen Handwerksinnungen zieren. ◊ Each year in May, the local craftsmen's association erects a large maypole in Maximilianstraße decorated with the arms of the various craft guilds. ◊ Chaque année, au mois de mai, la corporation des artisans de l'arrondissement dresse dans la Maximilianstraße un arbre décoré des armes des différents corps de métiers.

Rechte Seite: **Historisches Rathaus**: Im 18. und 19. Jahrhundert haben die Stadtväter im stattlichen Rathaus residiert, einem repräsentativen Spätbarockbau, der zwischen 1712 und 1726 nach Plänen des kurpfälzischen Baumeisters Breunig errichtet wurde (Deckengemälde von Johann Christian Dathan). ◊ Right side: Historic Town Hall: This stately building, representative of the Late Baroque period, was the seat of the town fathers in the 18th and 19th centuries. It was built according to the plans of the Palatine master-builder Breunig (ceiling painting by Johann Christian Dathan). ◊ Page de droite : Mairie historique : aux 18e et 19e siècles, les édiles siégeaient dans l'imposant hôtel de ville, bâtiment représentatif du baroque tardif, construit entre 1712 et 1726 d'après les plans de Breunig, architecte du Palatinat. (Peintures du plafond de Johann Christian Dathan.)

PALAZZO SANDRO

Kultur pur im **Kulturhof Flachsgasse**: Städtische Galerie, Kunstverein, Zimmertheater, Winkeldruckerey, Kinder- und Jugendtheater und verschiedenen Künstlerateliers buhlen um die Gunst der Besucher. ◊ Pure culture at the 'Kulturhof Flachsgasse': the studio theatre, the 'Winkeldruckerey' printshop, the children's theatre, the youth theatre, and several different art studios there all court the visitor's favour. ◊ Culture à l'état pur dans le centre culturel Flachsgasse : Galerie municipale, société des amis des arts, théâtre de poche, imprimerie Winkel, théâtre des enfants et de la jeunesse ainsi que de nombreux ateliers d'artistes attirent les visiteurs.

Kinder- und Jugendtheater Speyer

Großartiges Kultforum im Judenhof: Das rituelle Reinigungsbad blieb über die Jahrhunderte erhalten. Die vor 1128 gebaute »**Mikwe**« zählt zu den ältesten erhaltenen Anlagen dieser Art. Hier wurde die nach den mosaischen Gesetzen vorgeschriebene kultische Reinigung durch Untertauchen in kaltes »natürliches« Wasser vorgenommen. ◊ In the former Jewish Quarter, a mediaeval ritual purification bath has survived the passing of the centuries. The *mikveh*, built in 1128, is one of the oldest and most beautiful structures of its kind. Here, devout Jews carried out the ritual purification by submersion in cold, 'natural' water as prescribed in Mosaic Law. ◊ Lieu de culte impressionnant dans l'ancien quartier juif : le bain rituel a survécu aux siècles. La « Mikwe » construite avant 1128 fait partie des établissements les plus anciens de ce type. C'est ici qu'avait lieu, selon les lois de Moïse, la purification rituelle qui exigeait de se plonger dans de l'eau froide « naturelle ».

Rechte Seite: Von der 1104 eingeweihten **Synagoge** blieben Mauerreste. Gut erhalten ist die Ostwand des romanischen Hallenbaus. Handwerker, die damals auf der Dombaustelle arbeiteten, waren möglicherweise auch im jüdischen Viertel tätig. Die Ruine ist der älteste, noch sichtbare Überrest eines Synagogenhauses in Mitteleuropa. ◊

Right side: Only some parts of the wall still remain from the synagogue dedicated in 1104. The eastern wall of the Romanesque structure is especially well-preserved. It is possible that the same craftsmen who worked on the cathedral also worked here in the Jewish Quarter. The ruins comprise the oldest still visible remains of a synagogue in Central Europe. ◊

Page de droite : De la synagogue consacrée en 1104, ne sont restés que des pans de murs. Le mur oriental de l'édifice roman est bien conservé. Il est possible que les artisans à l'œuvre sur le chantier de la cathédrale aient aussi travaillé dans le quartier juif. Cette ruine fait partie des plus anciens vestiges de synagogue en Europe centrale.

»Museum SchPIRA« im Judenhof ◊
SchPIRA museum ◊ Musée SchPIRA

Beliebter Treffpunkt: Der alte Marktplatz mit der **Alten Münze**. Das seit dem Mittelalter an diesem Platz stehende Haus der Münzer wurde 1689 zerstört und 1748 durch das »Neue Kaufhaus am Markt« ersetzt. Der breitere Teil der Maximilianstraße vor der Alten Münze war Zentrum mittelalterlichen Marktgeschehens. ◊

A popular meeting place: The old market square and the Old Mint. The original mediaeval building was destroyed in 1689 and replaced with the 'New Store on the Market' in 1748. The wider part of Maximilianstraße before the mint was the centre of mediaeval market life. ◊

Lieu de rencontre privilégié : l'ancienne Place du marché et le restaurant de la Monnaie. L'hôtel de la monnaie se trouvait depuis le moyen âge sur cette place, détruit en 1689, il fut remplacé par le « Nouveau magasin du marché ». Au Moyen âge, le centre du marché était devant l'hôtel de la monnaie, dans la partie la plus large de la Maximilianstraße.

RATSKELLER
Pfälzer
Pfirsich

Die längste Tafel der Stadt, **die Kaisertafel**: Auf 700 Metern zwischen Altpörtel und Dom präsentieren am zweiten August-Wochenende Speyerer Gastronomen Kochkunst, Trinkkultur und Speyerer Lebensfreude. ◊ The 'Kaisertafel', the longest table in town – 700 metres from the cathedral to the Altpörtel. Every year on the second weekend of August, Speyer's chefs show off their culinary skills, and the town its dining and drinking culture and *joie de vivre*. ◊ La « table de l'empereur », la plus longue table de la ville : le deuxième weekend d'août, sur près de 700 mètres, entre Altpörtel et cathédrale, les gastronomes de la ville s'adonnent aux plaisirs de la table et à la joie de vivre.

Kunst-Oase: In der Sämergasse hat **der Künstlerbund** einen beschaulichen Ort für Ausstellungen und seine Stipendiaten aus ganz Europa geschaffen. Ein kleiner Skulpturengarten ist angeschlossen. ◊ An art oasis: The artists' association has created a tranquil spot for exhibits and its scholarship recipients from all over Europe. It includes a small sculpture garden. ◊ Oasis pour les arts : dans la Sämergasse, le cercle des artistes a créé un lieu agréable pour les expositions et pour le travail des boursiers venus de toute l'Europe. Tout proche, un petit jardin de sculptures.

Geschäftiges Treiben auf dem **Speyerer Wochenmarkt** rund um den von Karl Wex geschaffenen Handwerkerbrunnen mit dem »Brezelbub«: An Markttagen ist der Königsplatz ein Fest für die Augen mit regionalen Produkten und exotischen Früchten. ◊ The hustle and bustle of the farmers' market, centred on the craftsmen's fountain by Karl Wex, featuring 'Brezelbub'. On market days, Königsplatz is a feast for the eyes, including both regional products and exotic fruits. ◊ Marché hebdomadaire de Spire : chacun vaque à ses activités autour du « Garçon au bretzel » de la fontaine des artisans, création de Karl Wex. La place royale un jour de marché, produits régionaux et fruits exotiques sont un plaisir pour les yeux.

Klassizistische Malerei in der Allerheiligenstraße: Anselm Feuerbach wurde 1829 als Sohn des renommierten Archäologen in Speyer geboren. Der Verein **Feuerbachhaus** rettete 1971 das Geburtshaus des bedeutenden Malers vor dem Abriss und richtete eine Gedenkstätte ein. Trinkstube und barocker Rosengarten laden zum Verweilen ein. ◊ Classical painting in Allerheiligenstraße: Anselm Feuerbach was born in Speyer in 1829 as the son of a renowned arachaeologist. The Feuerbach House Society rescued the birthplace of the famous painter from demolition in 1971 and turned it into a memorial. Visitors are welcome to spend some time in the drinking parlour and the Baroque rose garden. ◊ Peinture néoclassique dans l'Allerheiligenstraße : Anselm Feuerbach, fils d'un archéologue célèbre, est né en 1829 à Spire. En 1971, l'association Feuerbachhaus a sauvé de la destruction la maison natale de ce peintre remarquable et y a installé un lieu de mémoire.
La buvette et la roseraie baroque invitent à la flânerie.

Die Studienzeit
Anselm Feuerbach
Bildnis einer jungen Italienerin, 1853

Zwischen Altpörtel und Dom, in der **Maximilianstraße**, pulsiert das Leben. Römische Besatzer und die Kaiser des Mittelalters sind auf dieser »via triumphalis« in die Stadt eingezogen. Heute genießen Einwohner und Besucher das Flair der prächtigen Straße und die imposante Kulisse des Kaiserdomes. ◊ Life thrives in Maximilianstraße, between the Altpörtel and the cathedral. Roman occupiers and mediaeval emperors entered the city along this *via triumphalis*. Today, residents and visitors enjoy the charm of this magnificent thoroughfare before the imposing backdrop of the cathedral. ◊ Entre Altpörtel et cathédrale, la Maximilianstraße pleine de vie. Les occupants romains et les empereurs du moyen âge ont emprunté cette voie, « via triumphalis » pour entrer dans la ville. Aujourd'hui, habitants de la ville et visiteurs apprécient l'atmosphère de cette splendide avenue ainsi que l'imposante silhouette de la cathédrale impériale.

Brauerei
ERDINGER
Heute

Südländisches Flair vermitteln die vielen kleinen Restaurants und Weinstuben mit ihren Freisitzen in der **Korngasse**, der ersten Speyerer Fußgängerzone. ◊ Southern flair is served up at the several small restaurants and wine pubs with their outdoor seating areas in Korngasse, Speyer's first pedestrian zone. ◊ Les terrasses des nombreux petits restaurants et « Weinstuben » donnent à la Korngasse, la première zone piétonne de Spire, un petit air du sud.

76 Türme hatte die mittelalterliche Stadtbefestigung. Das ehemals westliche Haupttor, **das Altpörtel**, zählt zu den wenigen, die erhalten blieben. In seinen unteren Teilen wurde es zwischen 1230 und 1250 erbaut; das oberste Turmgeschoß mit der spätgotischen Maßwerkbrüstung und der Galerie wurde 1512–1514 hinzugefügt, das steile Dach mit der Laterne 1708 aufgesetzt. Von oben bietet sich dem Betrachter ein phantastischer Ausblick auf die Stadt, den Dom und die Cafés am Fuße des Turmes. ◊ During the Middle Ages, Speyer was protected by a de-

fence system that included 76 towers. The Altpörtel, once the main western gate, is among the very few that have survived. Its lower sections were built between 1230 and 1250, the uppermost level of the tower and its balustrades of Late Gothic tracery were added from 1512-1514, and the steep roof and lantern were placed atop the tower in 1708. From above, observers are treated to a spectacular view of the city, the cathedral, and the cafés at the foot of the tower. ◊ L'enceinte médiévale de la ville comptait 76 tours. A l'ouest, la tour principale, l'Altpörtel, est l'une des rares qui aient subsisté. Les parties inférieures datent de 1230 et 1250 ; la partie supérieure et la galerie du gothique tardif ont été ajoutées entre 1512 et 1514, la toiture pentue et la lanterne en 1708. Du haut de la tour, le visiteur a une vue extraordinaire sur la ville, la cathédrale et les cafés.

Purrmann-Triptychon im neuen Stadtratssitzungssaal, in dem die Regierung des »Bayrischen Rheinkreises« bis zur Nazi-Zeit tagte. Dort fand das in den dreißiger Jahren des letzten Jahrhunderts verdrängte, weil angeblich »entartete« Bild des Speyerer Ehrenbürgers an seinen ursprünglichen Platz zurück. ◊ The Purrmann Triptych in the 'new' city council assembly hall, where the government of the 'Bavarian Rhine District' convened until the Nazi era. The picture by one Speyer's most honoured citizens has found its way back here after being removed in the 1930s for its 'decadance'. ◊ Triptyque de Purrmann dans la nouvelle salle du conseil municipal ; c'est là que siégeait, jusqu'à l'époque nazie, le gouvernement du Rheinkreis bavarois. Ce triptyque de Purrmann, citoyen d'honneur de la ville, a été décroché dans les années trente car il représentait l'« art dégénéré » ; il a retrouvé aujourd'hui sa place initiale.

In der Kleinen Greifengasse 14 steht das Geburtshaus des Malers **Johannes Marsilius Purrmann** (1880–1966). Auch Henri Matisse, ein guter Freund Purrmanns, war Gast in diesem Haus mit lauschigem Innenhof, das seit 1990 als Ausstellungs- und Erinnerungsstätte dient. ◊ Kleine Greifengasse 14, birthplace of the painter Johannes Marsilius Purrmann (1880-1966). Guests at the house included Henri Matisse, a good friend of Purrmann's. The house, with its cosy inner courtyard, has served as a memorial and exhibition space since 1990. ◊ Dans la Kleine Greifengasse au numéro 14, se trouve la maison natale du peintre Johannes Marsilius Purrmann (1880-1966). Henri Matisse, ami de Purrmann, a séjourné dans cette maison qui sert depuis 1990 de lieu d'exposition et de lieu de mémoire.

Rechte Seite: Löffelgasse, Kapuzinergasse, linke Seite: Kreuzgang des ehemaligen Augustiner-Klosters, Villa Ecarius, heute Sitz der Volkshochschule und der Stadtbücherei. ◊ Löffelgasse, Kapuzinergasse, cloister of the old Augustinian monastery, Villa Ecarius, today site of the adult education centre and the city library. ◊ Löffelgasse, Kapuzinergasse, cloître de l'ancien couvent des Augustins, villa Ecarius – elle abrite aujourd'hui l'Université populaire et la bibliothèque municipale.

Von Deutschen und Franzosen gemeinsam gebaut: Die 1953 errichtete **Friedenskirche St. Bernhard**. Ihr wurde bei der Einweihung die Aufgabe zugewiesen, »die Versöhnung zwischen Frankreich und Deutschland zu fördern und einen Beitrag zum Frieden in Europa und in der Welt zu leisten.« ◊ Built together by Germans and Frenchmen: St. Bernard's Catholic Church, 1953. At its consecration it was given this purpose: 'to foster conciliation between France and Germany and to make a contribution to peace in Europe and in the world.' ◊ En 1953, français et allemands ont construit en commun l'église Saint-Bernard, « église de la paix » ; lors de sa consécration, on lui a confié la tâche de « contribuer à la réconciliation franco-allemande et de faire avancer la paix en Europe et dans le monde. »

Eine Oase der Ruhe im Schatten von St. Bernhard: Der **Adenauerpark** mit seinem alten Baumbestand, der Gotischen Kapelle und den Gräbern des Alten Friedhofes. Ein geschichtsträchtiger Ort zum Träumen. ◊ An oasis of tranquility in the shadow of St. Bernard's: Adenauer Park with its old trees, Gothic chapel, and the graves of the old cemetery. An historic spot for daydreaming. ◊ Une oasis de paix à l'ombre de Saint-Bernard : le parc Adenauer et ses vieux arbres, la chapelle gothique et les tombes de Vieux cimetière. Un lieu chargé d'histoire, propice à la rêverie.

Neue Wohnbebauungen an der Petschengasse und auf dem Gelände des ehemaligen Schlachthofes. ◊ New housing construction in Petschengasse and on the site of the old slaughterhouse. ◊ Immeubles d'habitations modernes dans la Petschengasse et sur le terrain de l'ancien abattoir.

Maximilianstraße: Promeniermeile mit barocken Häusern und mediterranem Flair. ◊ Maximilianstraße: Speyer's main promenade with its Baroque houses and Mediterranean charm. ◊ Maximilianstraße : promenade aux maisons baroques et à l'aspect méditerranéen.

Gerüstbau
Zoller

Der Region lustvoll mit allen Sinnen nachspüren: Alljährlich im September findet auf der Maximilianstraße vor der Kulisse des Doms der größte **Bauernmarkt** von Rheinland-Pfalz statt. ◊ Enjoy the region with all your senses: Each year in September, Maximilianstaße hosts the largest farmers' market in Rhineland-Palatinate before the backdrop of the cathedral. ◊ Chaque année en septembre, la cathédrale sert de décor au plus grand marché paysan du Palatinat : le visiteur aura l'occasion de découvrir la région pour le plaisir de ses cinq sens.

Wein

Linke Seite: Im Zeichen konfessioneller Rivalität: Auf das Bemühen um die protestantische Gedächtniskirche reagierten die Katholiken gegen Ende des 19. Jahrhunderts mit einer zweiten katholischen Pfarrkirche in unmittelbarer Nachbarschaft. **Die St. Josephs-Kirche** wurde 1912–1914 von dem Mainzer Baumeister Ludwig Becker gebaut. ◊ Left page: Signs of confessional rivalry: Towards the end of the 19th century, Speyer's Catholics reacted to all the ado surrounding the Protestant Gedächtsniskirche by building the city's second parish church in its immediate vicinity. St. Joseph's was built from 1912-1914 by Mainz master-builder Ludwig Becker. ◊ Page de gauche : Sous le signe de la rivalité confessionnelle ; en réponse au projet de construction de l'église du Souvenir par les protestants, les catholiques ont décidé vers la fin du 19e siècle d'édifier à proximité une deuxième église paroissiale, l'église Saint-Joseph, construite entre 1912 et 1914 par l'architecte Ludwig Becker de Mayence.

Gläserne Werkstatt: **Im Archäologischen Schaufenster** werden wechselnde Ausstellungen zu Themen der aktuellen Landesarchäologie gezeigt, mit einem Schwerpunkt auf der Pfalz. Im Rahmen von Ausstellungen ist es möglich, die Restaurierung prähistorischer und historischer Grabungsfunde zu verfolgen. ◊ The archaeological showcase displays exhibits covering topics in current regional archaeology, with emphasis on the Palatinate. The exhibits allow visitors to follow restoration projects at prehistoric and historic sites. ◊ Atelier de verre : dans la Vitrine archéologique, ont lieu des expositions temporaires consacrées à l'archéologie du Land et plus particulièrement du Palatinat. Dans le cadre de ces expositions, on pourra suivre la restauration des objets préhistoriques ou historiques découverts lors des fouilles.

Gedächtniskirche: Erinnerung an die auf dem Reichstag von 1529 vollzogene Protestation der evangelischen Reichsstände. Die Gedächtniskirche wurde zwischen 1893 und 1904 nach Plänen von Julius Flügge und Karl Nordmann im gotischen Kathedralstil erbaut. ◊ The 'Gedächtniskirche' is a memorial church built in commemoration of the Protestant princes' 'Protestation at Speyer' at the Imperial Diet of 1529. The Neo-Gothic church was built between 1893 and 1904 following the plans of Julius Flügge and Karl Nordmann. ◊ Gedächtniskirche : Souvenir de la protestation des états luthériens de l'Empire devant la diète de 1529. L'église a été construite dans le style néogothique entre 1893 et 1904 d'après les plans de Julius Flügge et de Karl Nordmann.

Linke Seite: In der ehemaligen Kaserne **Normand** sind mittlerweile hochwertige Wohnungen entstanden. ◊ Left side: The former Normand barracks now houses high-class apartments. ◊ Page de gauche : L'ancienne caserne Normand abrite aujourd'hui des appartements de qualité.

Feuerbachpark ◊ Feuerbach Park ◊ Parc Feuerbach

Brezelfest: Die ganze Stadt widmet der Brezel, dem mit Salz bestreuten knusprigen Speyerer Laugengebäck, eine Party. Das Fünf-Tage-Spektakel am zweiten Juli-Wochenende mit großem Festumzug, Festwiese und Feuerwerk ist aus

dem Speyerer Jahreskalender nicht wegzudenken ◊ The Pretzel Fest: each year, the whole town throws a party for Speyer's famous crispy, salty pastry. The five-day spectacle begins on the second weekend of July and features a large parade, fairgrounds, and fireworks. The festival is an essential part of Speyer's yearly calendar. ◊ Fête du Bretzel : la ville entière organise cette fête en l'honneur du bretzel, pâtisserie croustillante parsemée de sel ; elle dure cinq jours, le deuxième week-end de juillet. Défilé, feu d'artifice, fête foraine sont au programme des festivités qui font toujours partie de l'agenda de la ville.

Technikgeschichte zum Anfassen: Auf einer Hallenfläche von 15.000 m^2 und 100.000 m^2 Freigelände präsentiert das **Technikmuseum** die Vielfalt moderner Technik. Zu den Hauptattraktionen gehören das größte in Serie gebaute propellergetriebene Flugzeug der Welt, die Antonov An-22, das U-Boot U9 der Deutschen Marine und eine begehbare Boeing 747 der Lufthansa. 2008 wurde das Museum um eine Raumfahrthalle erweitert, in der die sowjetische Raumfähre Buran und die Ausstellung »Apollo and beyond« gezeigt wird. Ein IMAX-DOME Filmtheater und eine faszinierende Sammlung mechanischer Musikinstrumente im Wilhelmsbau ergänzen das Programm. ◊ The Technology Museum presents the history and diversity of modern technology with an indoor exhibition space of 15,000 m^2 and an outdoor space of 100,000 m^2. Its main attractions include the largest series-produced propeller-driven aircraft in the world, the Antonov An-22, the German navy's U9 submarine, and a completely accessible Lufthansa Boeing 747. In 2008, the museum was expanded to include a space travel hall, where visitors can see the Soviet Buran space shuttle and the ex-

hibit 'Apollo and Beyond'. The museum also features an IMAX-DOME theatre and a fascinating collection of mechanical music instruments. ◊ Histoire de la technique accessible à tous : le musée des Techniques présente sur 15 000 m² de hangars et 100 000 m² de terrain à ciel ouvert toute la diversité de la technique moderne. Le plus grand avion à hélices construit en série, l'Antonov An-22, le sous-marin U9 de la marine allemande et un Boeing 747 de la Lufthansa, que l'on peut visiter, en sont les principales attractions. En 2008, un hangar de l'espace a été ajouté au musée, on peut y voir la navette soviétique Buran et l'exposition « Apollo and beyond ». Le cinéma IMAX-DOME ainsi qu'une fascinante collection d'automates à musique complètent le programme.

Bademaxx: Großzügig angelegte Badelandschaft mit rund 2.700 Quadratmeter Wasserfläche zum Schwimmen, Toben und Spaß haben. Dampfbad und diverse Saunen laden zum Schwitzen ein. ◊

Bademaxx: this large-scale bathing complex offers around 2,700 square metres of water space for swimming and having fun. A steam bath and diverse saunas welcome guests to come and sweat. ◊

Bademaxx : ce parc aquatique offre près de 2 700 m^2 de bassins pour nager, se défouler et s'amuser ; les amateurs de chaleur y trouveront hammam et autres saunas.

Abendstimmung im **Werfthafen.** ◊ Evening mood at the dockyards ◊ Impression du soir dans le chantier naval.

Der Neue Hafen, heute in erster Linie als Ölhafen genutzt. ◊ The New Harbour, today used mostly as an oil harbour. ◊ Le nouveau port est aujourd'hui essentiellement destiné au pétrole.

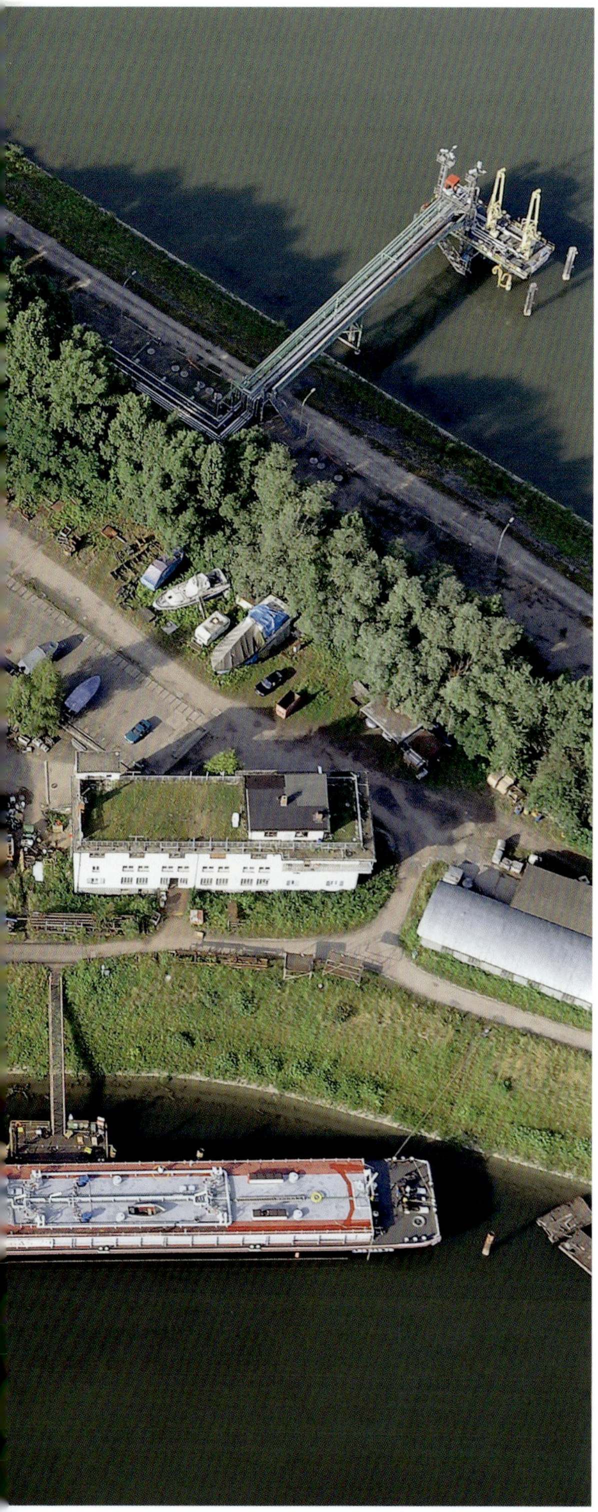

Die Stadt am Strom: Der **Rhein** beherrschte früher das Leben in der Stadt. Auch ihm verdankt Speyer seine Bedeutung. ◊ The city on the river: the Rhine once dominated life in Speyer, as it was the reason for the city's importance. ◊ La ville le long du fleuve : autrefois, le Rhin était le maître de la ville, Spire lui doit son importance.

Rechte Seite: Unterwasserwelten entdecken im **SEA LIFE** Speyer. ◊ Right side: SEA LIFE Speyer. ◊ Page de droite : SEA LIFE Speyer.

SEA-LIFE

Die **Altrhein-Auen**: Landschaftsschutzgebiete mit hohem Erholungswert. Die Stadt ist von Altrheinarmen umgeben, an deren Ufern sich dichter urwüchsiger Auwald ausbreitet. Ein Paradies für Naturliebhaber und Angler. ◊ The 'Altrhein-Auen', a protected landscape and popular spot for enjoying nature and fishing. The city is surrounded by the swampy, meandering branches of the 'Old Rhine', once a part of the Rhine before it was artificially laid straight in the 19th century. ◊ Les forêts marécageuses le long des vieux bras du Rhin : ces réserves naturelles sont agréables à ceux qui recherchent le repos. La ville est entourée d'anciens bras du Rhin, sur leurs rives s'étendent des forêts marécageuses naturelles. Un paradis pour les amateurs de nature et les pêcheurs.

Baudenkmal des späten 19. Jahrunderts: Der **Wasserturm** (in den Jahren 1882/83 erbaut und 1883 in Betrieb genommen) vor der Turmkulisse von Kaiserdom, Altpörtel, Josephskirche und Gedächtniskirche (v.l.n.r.). ◊ The water tower, put into service in 1883, is an historic witness to the late 19th century. In the background are the towers of the cathedral, the Altpörtel, St. Joseph's, and the Gedächtniskirche (f.l.t.r.). ◊ Monument de la fin du 19e siècle : le château d'eau construit en 1882/83, mis en service en 1883. A l'arrière plan, d'autres tours, celles de la cathédrale, de l'Altpörtel, de l'église Saint-Joseph, et de l'église du souvenir (de gauche à droite).

Große Bühne für kulturelle Veranstaltungen und Vereine: Die 1963 errichtete **Speyerer Stadthalle** an der Oberen Langgasse. ◊ The Speyer 'Stadthalle' in Obere Langgasse offers a large stage for cultural events and organizations. It was built in 1963. ◊ La Stadthalle de Spire, construite en 1963 dans la Obere Langgasse, offre une belle scène aux manifestations culturelles ainsi qu'aux associations.

Kaderschmiede für höhere Verwaltungs- und Regierungsbeamte: **Die Deutsche Universität für Verwaltungswissenschaften** wurde im Januar 1947 von der französischen Besatzungsmacht nach dem Vorbild der »École nationale d'administration« (ENA) gegründet. Sie ist eine postuniversitäre Hochschule für Verwaltungswissenschaften. ◊ The 'talent foundry' for Federal Republic's administrative élite: the German University of Administrative Sciences Speyer was founded in 1947 by the French occupation administration and based on the model of the French École *nationale d'administration* (ENA), offering postgraduate programmes in administrative sciences. ◊ Pépinière de cadres pour les hauts fonctionnaires (administration et gouvernement) : l'Ecole Supérieure Allemande des Sciences Administratives Spire fondée en 1947 par les Forces françaises d'occupation, d'après le modèle de « L'Ecole nationale d'administration » (ENA).

Speyer
Eichendorffstraße 4-6
Auskunfts-
und Beratungsstelle
Servicestelle
für Rehabilitation
Reha-Fachberatung

Im Zeichen des Wirtschaftswunders: Das 15-stöckige **Hochhaus der Deutschen Rentenversicherung Rheinland Pfalz** im Westen der Stadt. Speyers erster »Wolkenkratzer« wurde 1960 eingeweiht, der Erweiterungsbau kam 2004 hinzu. Den Eingangsbereich ziert eine Stahlskulptur von Christoph Mancke. ◊

Witness to the 'Wirtschaftswunder' of the Post-War period: the 15-story high-rise of the German Pension Fund Rhineland-Palatinate in the west of the city. Speyer's first 'skyscraper' was dedicated in 1960 and expanded in 2004. The entrance is adorned with a steel sculpture by Christoph Mancke. ◊

Sous le signe du Miracle économique allemand : l'immeuble de 15 étages de la Deutsche Rentenversicherung Rheinland Pfalz, à l'ouest de la ville. Le premier « gratte-ciel » de Spire a été inauguré en 1960, l'extension du bâtiment date de 2004. Une sculpture d'acier de Christoph Mancke en orne l'entrée.

Cafe Hindenburg

Weihnachten in Speyer: Sinfonien des Lichts an den historischen Gebäuden der Stadt. ◊ Christmas in Speyer: a symphony of light on the city's historic buildings. ◊ Noël à Spire : Symphonies de lumières sur les monuments historiques de la ville.

Winterstimmung im Domgarten: Blick auf das Heidentürmchen und die Ostseite des Kaiserdomes, beherrscht von den beiden Osttürmen, der Apsis und der Kuppel der Kathedrale. ◊ Winter in the cathedral garden: the Heidentürmchen and the eastern side of the cathedral, dominated by the two east towers, the apse, and the dome of the cathedral. ◊ Atmosphère hivernale dans le jardin de la cathédrale : vue sur la petite Tour des païens, sur le côté est de l'édifice, dominé par les deux tours, l'abside et la coupole.

ZEITTAFEL

Um 4000 v. Chr.	Erste Bäuerliche Bevölkerung im Speyerer Raum
1700–220 v. Chr.	Vorgeschichtliche Siedlungstätigkeit im Stadtgebiet
220–10 v. Chr.	Keltische Hofsiedlungen
um 10 v. Chr.	Anlage des 1. Militärpostens und Ansiedlung der Nemeter auf dem linken Rheinufer, große Zivilsiedlung vor dem Militärlager
74 n. Chr.	Truppenabzug am Rhein
um 83	Zivilsiedlung NOVIOMAGUS wird Hauptort im Territorium der Nemeter (Civitas Nemetum)
250	Weinbau in der Umgebung von Speyer
275	Zerstörung der Stadt durch Alamanneneinfälle
346	Für Speyer wird ein Bischof erwähnt
352	Erneute Alamanneneinfälle mit erheblichen Verwüstungen
496/506	Fränkische Siedlung, erste Nennung des Namens SPIRA
614	Teilnahme eines Speyerer Bischofs am Pariser Nationalkonzil
um 700	Gründung der Klosteranlage St. German
um 800	Beginn des karolingischen Dombaus
838	Erster von insgesamt 50 Hof- und Reichstagen in der Stadt (bis 1570)
946	Markt- und Münzrecht
969	Immunitätsprivileg Kaiser Ottos des Großen, Bischof wird Stadtherr, Baubeginn der Stadtmauer
vor 1030	Konrad II. legt den Grundstein zum Kaiserdom
1061	Domweihe
1076	Heinrich IV. bricht von Speyer nach Canossa auf
1111	Bestätigung des Immunitätsprivilegs durch Kaiser Heinrich V.
1226	Beitritt Speyers zum ersten rheinischen Städtebund
um 1230	Erstes Speyerer Stadtrecht
1294	Ende der bischöflichen Herrschaft, Speyer wird Freie Reichsstadt
1327	Parität von Patriziern und Zünften im Rat der Stadt
1471	Erste Erzeugnisse Speyerer Buchdruckkunst
1526	Reichstag in Speyer verhandelt Luthers Lehren
1527	Verlegung des Reichskammergerichts nach Speyer (bis 1689)
1529	Reichstag und Protestation der evangelischen Reichsstände gegen die reformationsfeindlichen Beschlüsse
1540	Einführung der Reformation in der Stadt, der Rat errichtet eine Ratsschule
1624–1647	Wechselnde französische, schwedische und kaiserliche Besatzung
1689	Fast vollständige Zerstörung der Stadt durch französische Truppen im Pfälzischen Erbfolgekrieg
1698	Beginn des Wiederaufbaus
1717	Einweihung der Dreifaltigkeitskirche
1726	Rathausneubau beendet
1792	Erste Eroberung durch französische Revolutionstruppen (bis 1814), Zerstörung der Stadtmauer
1797	Französische Behördenverfassung (bis 1813)
1802	Erste Lizenz für eine Speyerer Zeitung
1816	Erhebung zur Kreishauptstadt der Pfalz, Regierungssitz des Bayerischen Rheinkreises
1829	Anselm Feuerbach in Speyer geboren
1837	Eröffnung des Rheinhafens
1847	Eröffnung der Bahnlinie Speyer–Ludwigshafen
1880	Hans Purrmann in Speyer geboren
1904	Einweihung der Gedächtniskirche
1910	Eröffnung des Historischen Museums der Pfalz und erstes Speyerer Brezelfest
1918	Französische Besatzung (bis 1930)
1923	Separatistenunruhen und Ausrufung einer Autonomen Regierung
1929	Feier der 400. Wiederkehr der Protestation
1930	900. Jubiläum der Domgründung
1933	Einzug der NSDAP in Verwaltung und Stadtrat, Boykott jüdischer Geschäfte

1938 Brand der Synagoge

1945 Sprengung der Rheinbrücke, Amerikaner und Franzosen besetzen die Stadt

1946 Speyer wird kreisfreie Stadt

1947 Errichtung der Staatlichen Akademie für Verwaltungswissenschaften (später Deutsche Universität für Verwaltungswissenschaften)

1956/59 Aufnahme der Städtepartnerschaften mit Spalding (England) und Chartres (Frankreich)

1961 900-Jahrfeier der Domweihe

1972 Beginn der Stadtsanierung

1977 Fertigstellung der ersten Fußgängerbereiche in der Innenstadt, verstärkte Tätigkeit der Stadtarchäologie in den Sanierungs- und Neubaugebieten

1987 Papst Johannes Paul II. in Speyer

1989 Aufnahme der Städtepartnerschaften mit Ravenna (Italien) und Kursk (Russland)

Fertigstellung der Umgestaltung von Maximilianstraße und Domplatz

1990 2000-jähriges Stadtjubiläum

Rheinland-Pfalz-Tag in Speyer

1. Speyerer Kaisertafel

1991 Eröffnung des Technikmuseums

1992 Aufnahme der Städtepartnerschaft mit Gniezno (Polen)

Eröffnung der Salierausstellung durch Bundespräsident Richard von Weizsäcker

1994 Stadt und Landesregierung erwerben den Verkehrslandeplatz

1995 700 Jahre Fährverbindung nach Rheinhausen

1997 Abzug der französischen Streitkräfte

1998 Aufnahme der Städtepartnerschaft mit Yavne (Israel)

Großer Zapfenstreich zur Verabschiedung von Bundeskanzler Helmut Kohl von der Bundeswehr

800 Jahre Speyerer Stadtrat

Die Stadt erwirbt das Normand-Gelände und setzt die GEWO als Treuhänder ein

1999 Speyer erhält den Europapreis, die höchste Ehrung des Europarates für städtepartnerschaftliche Aktivitäten

Verkauf des alten Hafens an private Investoren

2000 Der Wilhelmsbau auf dem Gelände des Technikmuseums wird eingeweiht

2001 Eröffnung des Kulturhofes Flachsgasse, 1. Speyerer Kult(o)urnacht

2002 Die Großsporthalle Speyer-Nord wird eingeweiht

2003 Eröffnung des Sea Life Speyer

Wiedereröffnung der Stadthalle nach einem Brand

2004 100 Jahre Gedächtniskirche, 475-jähriges Jubiläum des Speyerer Reichstages von 1529

2005 Einrichtung der Sophie von La Roche Gedenkstätte im Hohenfeld'schen Haus in der Maximilianstraße

2006 Rheinland-Pfalz-Tag in Speyer

Seligsprechung von Paul Josef Nardini mit anschließender Domnapffüllung

2007 60 Jahre Deutsche Hochschule für Verwaltungswissenschaften

Der Preis der Lutherstädte wird in Speyer an die türkischstämmige Muslimin Emel Zeynelabidin verliehen

Das neue Spaß- und Sportbad »bademaxx« wird eröffnet

2008 800 Jahre Städtepartnerschaft Speyer-Worms

Mission Olympic: Speyer wird Deutschlands aktivste Stadt

Grundsteinlegung für die neue Synagoge am Guido-Stifts-Platz

2009 750 Jahre Stiftungskrankenhaus

Unterzeichnung der Kooperationsvereinbarung mit der Stadt Ningde (China)

Eröffnung der Europäischen Raumfahrtausstellung (Buran-Spaceshuttle) auf dem Gelände des Technikmuseums

2010 Die Klosterschule zieht um in die neue Salierschule am Mausbergweg

Beginn der Ausbauarbeiten für den Verkehrslandeplatz

100 Jahre Speyerer Brezelfest

Eröffnung des »Museums SchPIRA« im Judenhof

2011 Salierjahr: 950 Jahre Domweihe, 900 Jahre Kaiserkrönung von Heinrich V. und 900 Jahre Verleihung der Bürger-Privilegien

BÜCHER FÜR DIE PFALZ

Hans Ammerich
Kleine Geschichte der Stadt Speyer

Nach keltischen und römischen Anfängen entwickelte sich Speyer schnell zu einem Mittelpunkt geistlicher und weltlicher Macht und war bereits früh Bischofssitz und Königspfalz. Speyers Geschichte wird unterhaltsam und informativ erzählt.

208 S., 50 s/w-Abb., 2 Karten
12,5 x 19 cm, geb., ISBN 978-3-7650-8367-9

Michael Martin
Pfalz und Frankreich
Vom Krieg zum Frieden

»Souverän und leicht geschrieben, zeigt dies kundige Kompendium, wie aus Heimatkunde Weltgeschichte wird.«
Die Zeit

208 S., 39 s/w-Abb., 15 x 21 cm, geb.
ISBN 978-3-7650-8378-5

Michael Kißener
Kleine Geschichte
des Landes Rheinland-Pfalz

»Das Buch gibt einen umfassenden und fundierten Einblick in die komplexe Geschichte von Rheinland-Pfalz.«
Monatshefte für evangelische Kirchengeschichte des Rheinlands

224 S., 32 s/w-Abb., 5 Tab., 6 Karten
12,5 x 19 cm, geb.
ISBN 978-3-7650-8345-7

G. Nestler / S. Schaupp / H. Ziegler
Vom Scheitern der Demokratie
Die Pfalz am Ende der Weimarer Republik

In zwölf Beiträgen beschäftigen sich namhafte Historiker mit den Auswirkungen der französischen Besetzung der Pfalz. Ein wichtiges und lesenswertes Buch, das diesen so folgenreichen Zeitabschnitt der pfälzischen Geschichte erstmals näher erforscht.

280 S., 30 s/w-Abb., 14 x 21 cm, broschiert
ISBN 978-3-7650-8541-3

Armin Kohnle
Kleine Geschichte der Kurpfalz

»Buch des Monats – dem Historiker Kohnle, einem ausgewiesenen Experten in Sachen Kurpfalz, ist ein Kunststück gelungen.« *Die Rheinpfalz*

208 S., 26 s/w-Abbildungen
6 Karten, 5 Stammtafeln
12,5 x 19 cm, geb., ISBN 978-3-7650-8329-7

www.gbraun-buchverlag.de

in Karlsruhe seit 1813
G. BRAUN BUCHVERLAG

Stefan Schaupp
Zwischen Wirtschaftswunder und Ölkrise
Die Pfalz von 1960 bis 1975

Auf ganz besondere Weise dokumentieren die Zeitungsfotos aus den 60er und 70er Jahren das damalige Leben in der Pfalz, den (noch) ungebrochenen Fortschrittsglauben, der sich in moderner Betonarchitektur manifestiert oder das Leben auf dem Land.

168 S., 156 s/w-Abb., 21 x 20 cm, geb.
ISBN 978-3-7650-8366-2

Michael Erle
Wandern im Pfälzerwald
30 Touren mit Bus und Bahn

»Wie von dem begeisterten Wanderer Erle gewohnt, beschreibt er die Touren detailliert und gibt Tipps zu Sehenswertem am Wegesrand.«
Badische Neueste Nachrichten

112 S., 120 Farbabb., 31 Karten
11,5 x 21 cm, Klappenbroschur
ISBN 978-3-7650-8508-6

Bruno Paulot
Eine groteske Liaison. Ein Pfalz-Krimi

Bei einem Weindorf in der Pfalz wird die Leiche eines Weinkommissionärs entdeckt, der durch Betrügereien eine Reihe von Winzern in den Ruin getrieben hatte. Offensichtlich war er Opfer eines Racheaktes geworden. Kommissar Burgstaller und sein Team ermitteln. Doch dann kommt die rumänische Securitate mit ins Spiel ...

288 S., 12,5 x 19 cm, broschiert
ISBN 978-3-7650-8595-6

Hartmut Ellrich
Streifzüge durch die Kurpfalz
Kunst und Kultur - Land und Leute

Hartmut Ellrich will die Leserinnen und Leser auf Erkundungs- und Entdeckungstour mitnehmen zu Kunst und Kultur, Land und Leuten, die jenseits aller alten politischen Grenzen ihre Kurpfälzer Identität bewahrt haben. Ellrich lädt zu einem Ausflug, der alle Sinne berührt. Lassen Sie sich entführen in die lebendige Kurpfalz von heute mit dem Blick auf das kulturelle Erbe der Vorfahren.

288 Seiten, 168 Farbabbildungen
1 Übersichtskarte
11,5 x 21 cm, broschiert
ISBN 978-3-7650-8549-9

Klaus Venus

1964 in Speyer geboren – Ausbildung zum Betriebswirt – Hat das Fotografieren vom Hobby zur Profession gemacht – Seit 1996 als Pressefotograf unter anderem für den Mannheimer Morgen, Focus oder die Wormser Zeitung unterwegs

Dr. Matthias Nowack

1957 in Speyer geboren – Studium der Germanistik und Politikwissenschaft an der Universität Mannheim (Staatsexamen) – Ph. D. an der University of Toronto – Seit 1995 Pressesprecher der Stadt Speyer

G.BRAUN BUCHVERLAG

G. Braun Buchverlag
Karlsruhe
www.gbraun-buchverlag.de

Fotografien: Klaus Venus
Konzeption und Texte: Matthias Nowack
Übersetzung ins Englische: Chase Faucheux
Übersetzung ins Französische: Christiane Ebeling
Reihenlayout: Steffen Harms
Layout und Repro: Andreas Färber und Stefan Krauss
post scriptum, www.post-scriptum.biz
Druck: Bosch-Druck, Landshut

ISBN 978-3-7650-8539-0